LENA SCHAFFER

WIR GEHEN ZUR SCHULE!

VON KENIA BIS AMERIKA

GERSTENBERG

VORWORT

Wenn du dich morgens auf den Weg zur Schule machst, nimmst du wahrscheinlich den Bus, fährst mit dem Fahrrad oder wirst von deinen Eltern mit dem Auto gebracht. Aber stell dir einmal vor, du würdest unterwegs einem Elefanten begegnen oder auf einem Pferd zur Schule reiten! Für dich mag das abenteuerlich klingen, für Kinder in Indien oder Argentinien ist das jedoch Alltag. Denn so unterschiedlich die Länder dieser Welt sind, so unterschiedlich sind auch die Wege, auf denen Kinder zur Schule gelangen. Manche fahren in Fahrradrikschas durch die großen Städte Indiens, andere paddeln im tiefsten Dschungel von Papua-Neuguinea mit dem Boot zur Schule oder fahren mit der Seilbahn über die Schweizer Berge. Während einige Kinder nur kurze Zeit mit dem Schulbus unterwegs sind, brauchen andere länger als eine Stunde, bis sie in ihrer Schule ankommen.
Auch die Klassenzimmer sind nicht überall auf der Welt gleich. In Ländern wie Indien oder Kenia findet der Unterricht manchmal sogar im Freien statt. In einigen Schulen gibt es Computer, in anderen nur Papier und Stifte.
In diesem Buch lernst du Kinder aus sieben verschiedenen Ländern kennen und erfährst viel über ihren Familien- und Schulalltag. Und bei all den Unterschieden, die es zu entdecken gibt, wirst du auch feststellen, wie viele Gemeinsamkeiten Schulkinder auf der ganzen Welt verbinden.
Natürlich sind nicht alle Familien in einem Land gleich. Genauso, wie sich die Wohnhäuser deiner Freunde unterscheiden und du am liebsten Müsli isst, dein Freund aber gerne Toast zum Frühstück mag, ist es bei Familien in Indien oder Afrika. Das Leben auf dem Land unterscheidet sich zum Beispiel sehr von dem in der Stadt – in der Schweiz genauso wie in Argentinien. Aber so wie die hier vorgestellten Familien leben viele Kinder mit ihren Eltern in diesen Ländern. Möchtest du sie kennenlernen? Dann lass uns gemeinsam mit Leela, Jerry und Amy, Mary-Sisa, Svenja, Zahir, Valentina und Moritz zur Schule gehen!

INHALT

KENIA

DER ÄQUATOR
trennt die Erde in eine Nord- und eine Südhälfte. Kenia liegt auf beiden Seiten des Globus.

ÜBER DAS LAND

Kenia liegt im Herzen Ostafrikas, umgeben vom Indischen Ozean und den Nachbarländern Somalia, Äthiopien, Südsudan, Uganda und Tansania. Mehr als vierzig verschiedene Volksgruppen leben hier – die meisten in kleinen Dörfern auf dem Land. Sie sprechen alle ihre eigenen Sprachen. Für ihre Versorgung mit Lebensmitteln bauen sie Mais, Weizen, Bohnen, Bananen, Sorghumhirse und Reis an. Dabei richten sie sich nach den Regen- und Trockenzeiten. Manchmal sind die Ernten gut und die Weiden üppig, manchmal herrscht Trockenheit und das Leben der Menschen und ihrer Tiere – Rinder, Schafe und Ziegen – ist schwer.

Viele Menschen arbeiten hart für ihren Lebensunterhalt, doch Reichtum und Armut wird nicht an Geld allein gemessen. Die großartige afrikanische Natur genießen allerdings vor allem die Touristen: die sonnigen Strände am Meer, die Ufer des Viktoriasees oder den schneebedeckten Gipfel des 5895 Meter hohen Kilimandscharo, der einsam und grandios aus der sonnenverbrannten Savanne herausragt. Vor allem jedoch ist die Tierwelt Kenias Reichtum: Zebras und Antilopen streifen in riesigen Herden durch die Landschaft. Löwen, Nashörner, Büffel und Elefanten sind die mächtigen Herrscher der Steppe. In den Gewässern schwimmen Flusspferde, Haie und Schildkröten. In mehreren Nationalparks sind die Tiere geschützt, doch Wilderer jagen vor allem Nashörner und Elefanten, um ihre Hörner und Stoßzähne zu verkaufen, was streng verboten ist.

ALLTAGSLEBEN

In solch einer runden Hütte leben viele Kenianer.

Familie Kindiki lebt in einem Dorf mitten in der Savanne – weit entfernt von jeder Stadt. Häuser, Straßen oder Geschäfte gibt es hier nicht und niemand besitzt einen Fernseher oder Computer. Mobiltelefone hat dagegen jede Familie. Das Haus, in dem die Kindikis leben, besteht aus einem einzigen Raum. Auf einem kleinen Stück Land bauen die Eltern Bohnen und Mais an, eine Ziege und eine Kuh sorgen für Milch. Die Kindikis haben sechs Kinder. Das ist in Kenia normal, denn es ist für die Eltern wichtig, viele Kinder zu haben. Sie müssen bei der Haus- und Feldarbeit mithelfen und werden später für ihre Eltern sorgen – so ist es hier schon immer Tradition. Viele Kinder bedeuten aber auch, dass die Bevölkerung immer weiter wächst. Doch das Land reicht schon jetzt nicht aus, um alle Menschen ordentlich zu ernähren.

Die älteren Kinder der Kindikis, Jamila, Safiya und Zahir, hüten die Tiere und passen auf, dass sie nicht von Raubtieren angegriffen werden. Die Jüngeren, Alika, Kjadija und Kito, sammeln Holz und helfen bei der Feldarbeit oder beim Vorbereiten der Mahlzeiten. Es gibt kein fließendes Wasser in den Hütten und so helfen Jamila, Khadija, Safiya und Alika auch beim Wasserholen. Das machen in Afrika nämlich traditionell die Frauen und Mädchen. Oft müssen sie dafür mehrere Kilometer bis zur nächsten Wasserstelle laufen, um sauberes Wasser für Mensch und Tier heranzutragen.

WASSER HOLEN

DAS FRÜHSTÜCK

TEE
Chai

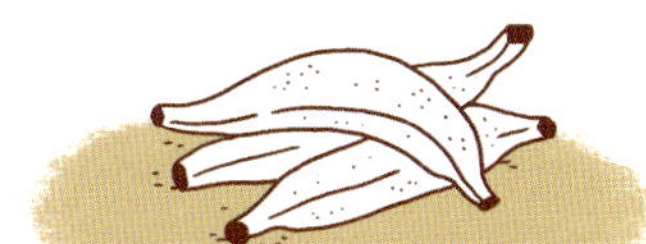

KOCHBANANEN
Plantains

MAISBREI
Ugali

DER SCHULWEG

Nicht immer ist eine Schule in der Nähe, und nicht alle Kinder gehen zum Lernen zum Unterricht. Manche lernen alles Wichtige für ihr Leben von ihren Eltern oder den Großeltern: Wo die Wasserplätze zu finden sind, wie man Kühe und Ziegen melkt und wie man sich vor wilden Tieren schützt.

Da die Schule der Kindiki-Kinder im Nachbardorf liegt und die Eltern finden, dass Lesen, Schreiben und Rechnen wichtig sind, sollen alle ihre Kinder zur Schule gehen. Nach einem Frühstück aus Maisbrei, Kochbananen und Tee machen sich die drei älteren Geschwister Jamila, Safiya und Zahir morgens in ihrer Schuluniform gemeinsam auf den Weg. Sie müssen fast eine Stunde zu Fuß durch die staubige Savanne marschieren. Bei der Hitze ist das ganz schön anstrengend, und so kommen sie schon ein bisschen müde an. Die Nachbarjungs haben es leichter: Sie besitzen ein Fahrrad, aber da es hier auf dem Land keine asphaltierten Straßen gibt, kommen sie auch nicht besonders schnell voran.

Während des ganzen Weges heißt es aufpassen, denn wilde Tiere sind auch tagsüber in der Savanne unterwegs. Doch die Kinder haben von klein auf gelernt, Löwen, Hyänen und Elefanten aus dem Weg zu gehen. Nach der morgendlichen Zusammenkunft aller Kinder beginnt der Unterricht, der vormittags und nachmittags andauert, damit sich der weite Weg auch lohnt.

DIE SCHULUNIFORM
ist ans heiße Klima angepasst.

GEFÄHRLICHE TIERE
am Wegesrand

DEUTSCH	SUAHELI
SCHÜLER	WANAFUNZI
FAMILIE	FAMILIA
ZU HAUSE	NYUMBANI
WASSER	MAJI
TIERE	WANYAMA
FRÜHSTÜCK	KIFUNGUA KINYWA
FREUND	RAFIKI
SCHULWEG	NJIA YA KWENDA SHULE

IN DER SCHULE

Die Schule, in die die Kindiki-Kinder gehen, ist sehr einfach ausgestattet. Tische und Bänke stehen im Freien. Ein großer Baum sorgt für etwas Schatten. Eine Schiefertafel für die Lehrerin steht darunter. Bücher, Landkarten oder gar Computer kennen die Kinder nicht, die sind zu teuer. Bleistift und Papier müssen reichen, um Schreiben und Rechnen zu lernen.

Oft steht nur ein Lehrer für hundert und mehr Schüler zur Verfügung. Der kann leider nicht auf jeden Einzelnen Rücksicht nehmen. Immerhin ist die Grundschule für alle kostenlos, und ein einfaches kostenloses Mittagessen und genügend Wasser bekommen die Kinder an vielen Schulen auch. In den Städten gibt es Privatschulen, die viel besser ausgestattet sind. Doch die können sich nur wenige Familien leisten.

Auf dem Land fühlen sich die meisten Kinder in der Schule zu Anfang sehr fremd. Besonders schwierig ist es, sich ans Stillsitzen zu gewöhnen. Zu Hause sind sie schließlich den ganzen Tag in Bewegung. Doch sie wissen, dass sie mit guter Bildung ihre Familie unterstützen können. Mit ihren Kenntnissen helfen sie schon als Kinder ihren Eltern, die oft nicht lesen oder schreiben können. Aber im Haushalt mithelfen, ein langer Marsch zur Schule und dann noch lernen – das ist auf Dauer ganz schön anstrengend.

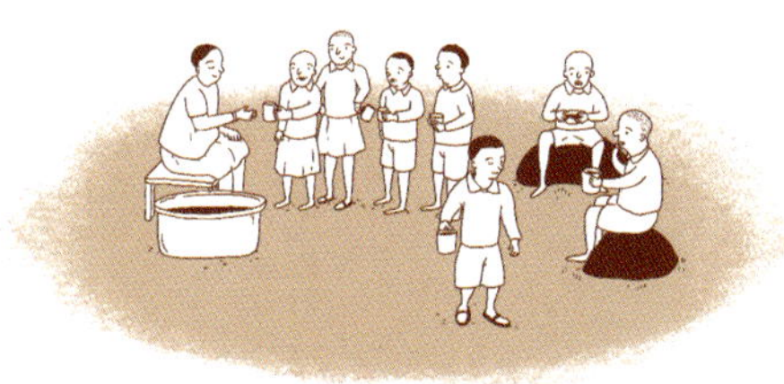

MITTAGESSEN
Für Schüler, die auf eine Privatschule oder ein Internat gehen, gibt es jeden Tag ein reichhaltiges Mittagessen.

MORNING ASSEMBLY
heißt an großen Schulen die Versammlung aller Schüler und Lehrer. Dabei wird die Flagge Kenias gehisst.

SCHWEIZ

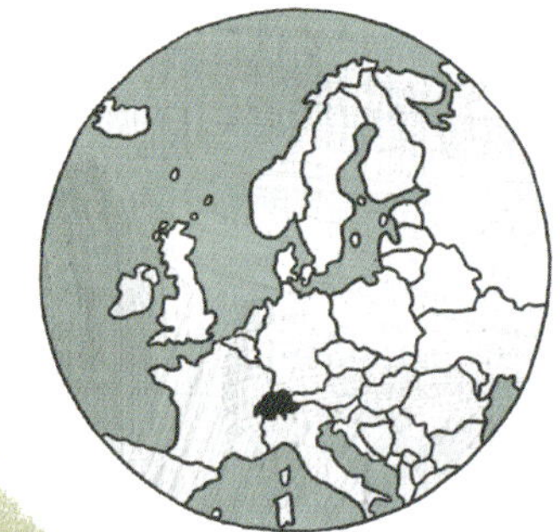

ÜBER DAS LAND

Die Schweiz ist ein kleines Land mitten in Europa, umgeben von Deutschland, Österreich, Liechtenstein, Italien und Frankreich. Bekannt ist es vor allem durch die Herstellung von wertvollen Uhren, Schokolade und dem Emmentaler Käse mit den vielen Löchern darin. Weltberühmt sind auch die Berge der Alpen, allen voran das Matterhorn. Wie viele der Gipfel hier ist es höher als 3000 Meter.

Zwischen den Bergen liegen mehr als tausend malerische Seen – kleine und große. Kein Wunder also, dass die Schweiz so beliebt ist bei Touristen aus aller Welt. Sie kommen im Sommer zum Wandern, Klettern und Boot fahren und im Winter zum Skiurlaub.

Die meisten Menschen aber leben im Tal, in den großen Städten wie Zürich, Bern, Basel oder Genf. Je nach Wohnort sprechen sie eine andere Sprache: Deutsch, Französisch, Italienisch oder Rätoromanisch. Das Deutsch ist hier etwas ganz Besonderes: Es unterscheidet sich von unserem Hochdeutsch durch eigene Wörter und eine eigene Aussprache. Dieses Schweizerdeutsch heißt bei den Einheimischen »Schwyzerdütsch«.

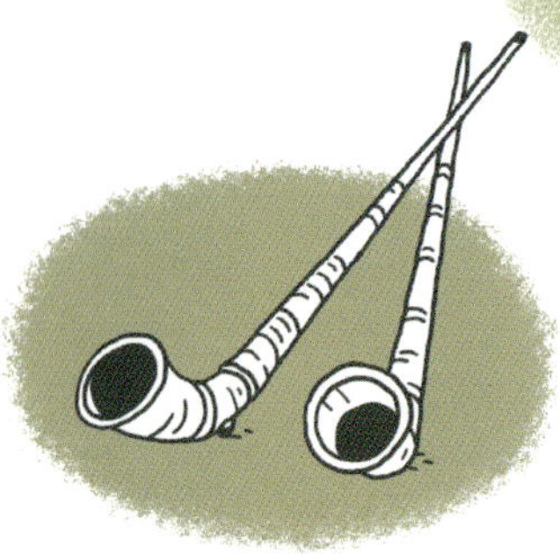

ALPHORN
heißt das typische Musikinstrument der Schweizer Berge. Es wird aus Holz gefertigt und kann mehr als zehn Meter lang sein.

ALLTAGSLEBEN

Moritz Brunner wird von vielen Stadtkindern beneidet. Denn er lebt dort, wo sie selbst gern Urlaub machen: hoch oben am Berg in den Schweizer Alpen. Dort kann er im Sommer auf den Wiesen herumtoben, und im Winter liegt immer genug Schnee zum Schlittenfahren.

Natürlich kann Moritz auch schon Skifahren wie ein Großer! Manchmal fühlt er sich allerdings etwas einsam, denn die nächsten Kinder wohnen weit entfernt und kommen nur selten zu Besuch.

Die Eltern haben einen Bauernhof mit dreißig Kühen, die auf den saftig grünen Bergwiesen grasen. Morgens und abends müssen sie in den Stall getrieben werden zum Melken. Da muss Moritz oft mithelfen und deshalb besonders früh aufstehen. Das ist anstrengend, macht aber auch Spaß. Schließlich gehören die Kühe irgendwie zur Familie, er kennt jedes Tier mit Namen.

Erst danach gibt es Frühstück. Moritz liebt Müsli, und anschließend isst er noch ein knuspriges Gipfeli mit selbst gemachter Marmelade. Dazu trinkt er Ovomaltine. Das ist ein süßes Getränk aus Kakao, Malz und frischer Milch. Diese kräftige Stärkung tut gut für den langen Tag, der nun vor Moritz liegt.

DAS FRÜHSTÜCK

RÖSTI sind eine nahrhafte Schweizer Spezialität aus geriebenen Kartoffeln und Speck. »Rööschti« heißen sie auf Schwyzerdütsch.

HÖRNCHEN *Gipfeli*

WURZELBROT

RÜHREI *Rüerei*

OVOMALTINE

TEE

MILCH *Miuch*

HAFERBREI/ MÜSLI

JOGHURT

GÄMSEN
UND STEINBÖCKE
leben am liebsten im rauen Hochgebirge der Alpen.

POSTBUSSE
fahren auch bei Schnee und Eis in die abgelegenen Bergdörfer der Schweiz.

DER SCHULWEG

Aus allen Himmelsrichtungen strömen die Schüler zur Schule in der kleinen Stadt. Sie liegt ganz unten im Tal. Die Dorfschulen in den Bergen haben schon lange geschlossen, es gibt dort nicht mehr genügend Kinder. Wer in der Nähe wohnt, läuft zu Fuß oder fährt mit dem Roller oder dem Fahrrad. Andere steigen in den gelben Postbus, der morgens und mittags zum Schulbus wird. Im Winter kommen manche sogar auf Skiern oder mit dem Schlitten in die Schule.

Moritz hat von allen den längsten Weg. Mehr als eine Stunde braucht er vom Bauernhof hinunter ins Städtchen. Der Rückweg bergauf dauert natürlich noch länger und ist viel anstrengender. Deshalb freut sich Moritz, wenn die Seilbahn in Betrieb ist. Leider fährt sie nicht das ganze Jahr über, sondern nur im Winter und im Sommer, wenn die Touristen da sind. Aber dann wird sie für ihn zum Schulbus, und er hat plötzlich nicht mehr den beschwerlichsten, sondern den schönsten Schulweg. Gemütlich schwebt er den Berg hinunter. Er zählt die Kühe vor dem Bauernhof, und wenn er Glück hat, sieht er hoch oben einige Gämsen oder Steinböcke über die Felsen springen. Eigentlich könnte er jetzt noch in aller Ruhe ein bisschen für die Schule lernen. Aber von dem Ausblick auf die hohen Berge ringsum kann er nie genug bekommen. Ihre Gipfel sind sogar im Sommer noch verschneit. Da träumt man leicht von den nächsten Ferien.

IN DER SCHULE

Weil die Schweiz ein reiches Land ist, sind die Schulen mit modernen Tischen und bequemen Stühlen, mit Wandtafeln, Landkarten und Computern ausgestattet. Schulbücher, Hefte und manchmal sogar die Bleistifte und Kugelschreiber sind für alle kostenlos. Die Lehrerinnen und Lehrer verteilen die Aufgaben und helfen bei Problemen. Aber oft arbeiten die Kinder auch selbstständig oder in kleinen Gruppen. Jeder kann seine Ideen einbringen und alle unterstützen sich gegenseitig.

In den ersten Schuljahren müssen viele Kinder erst einmal Deutsch lernen. Wieso das denn? Ach ja, da war doch die Sache mit dem Schwyzerdütsch. Das sprechen die meisten zu Hause mit ihren Eltern. Aber wenn sie eines Tages Bücher und Zeitungen lesen wollen, müssen sie Hochdeutsch können. Und das ist vor allem für die Einheimischen in den Bergen eine richtige Fremdsprache. So kommt es oft zu einem Mischmasch aus Schwyzerdütsch und Hochdeutsch. Aber letztlich verstehen sich alle. Für Moritz ist das sowieso kein Problem. Er kennt das Hochdeutsche schon von den vielen Touristen, die im Sommer auf dem Bauernhof der Familie Brunner vorbeischauen.

SCHLITTSCHUHLAUFEN UND EISHOCKEY sind beliebte Sportarten in der Schweiz – nicht nur im Winter.

SCHÜLERLOTSEN helfen bei der Überquerung der Straße vor der Schule.

ARKTIS

ÜBER DAS LAND

Rund um den Nordpol breitet sich die eisige Arktis aus. In ihrem Zentrum liegt das Nordpolarmeer. Es ist zum großen Teil das ganze Jahr über von einer dicken Eisschicht bedeckt. Die Arktis reicht bis in die nördlichen Teile der Kontinente Europa, Asien und Amerika. Dort schmelzen während der Sommermonate Schnee und Eis.
In dieser kurzen Zeit können nur wenige Pflanzen gedeihen. Meistens kommen Flechten und Moose bei Tauwetter zum Vorschein, weiter südlich stehen auch Büsche und kleine Baumarten. Menschen leben in den unwirtlichen Randgebieten der Arktis nur wenige, die meisten in Skandinavien, in großen Teilen von Sibirien sowie in Grönland, Kanada und Alaska.
Weit im Norden Europas liegt Spitzbergen mit der Hauptstadt Longyearbyen. Die Inselgruppe ist nur 1000 Kilometer vom Nordpol entfernt. Sie gehört zu Norwegen und wird dort »Svalbard« genannt. Gut 2000 Einwohner leben das ganze Jahr über in Longyearbyen. Dafür gibt es auf den Inseln weit mehr Eisbären, die mächtigsten Tiere der Arktis. Durch ihr dickes, helles Fell sind sie gut gewärmt und im Schnee getarnt. Sogar das Schwimmen im eisigen Wasser macht ihnen nichts aus. Dort gehen sie auf die Jagd nach ihrer Lieblingsbeute: den Robben. Aber sie fressen auch Fische, Walrosse, Vögel und Rentiere.

ALLTAGSLEBEN

Familie Larsen mit den Kindern Svenja und Henrik wohnt das ganze Jahr über in Longyearbyen – auch während der Winterzeit, wenn viele andere die Insel verlassen. Der Vater arbeitet bei der norwegischen Küstenwache, und die muss auch in der kalten Jahreszeit bereit sein. Geboren sind Svenja und Henrik aber nicht auf Spitzbergen. Weil es kein großes Krankenhaus gibt, müssen die Frauen zur Geburt aufs Festland nach Norwegen fliegen.

Überhaupt ist das Leben nicht einfach, denn die einzige Verbindung zur Außenwelt sind die Fähren und im Winter nur die Flugzeuge nach Tromsø. Sie bringen Gemüse, Obst und andere frische Lebensmittel, die aber wegen der hohen Transportkosten sehr teuer sind.

Im Winter müssen die Menschen in Spitzbergen nicht nur mit der Kälte, sondern auch mit der Dunkelheit zurechtkommen. Denn dann geht die Sonne monatelang nicht auf. Svenja hat sich daran gewöhnt, dass sie einen großen Teil des Jahres im Dunkeln und in der Kälte lebt. In ihrem dunkelrot bemalten Holzhaus ist es warm, hell und kuschelig. Fernsehen ist in dieser Zeit natürlich eine beliebte Freizeitbeschäftigung.

Im Sommer dagegen ist es jeden Tag 24 Stunden lang hell. Sobald im Frühjahr die Sonne wieder zum Vorschein kommt, sind Svenja und ihre Freundinnen sofort im Freien und genießen das Licht – beim Skilaufen oder beim Toben mit ihrem Schlittenhund im Schnee. Weit vom Haus entfernen dürfen sie sich dabei nicht. Denn Eisbären kommen auf der Suche nach Abfällen auch mal in die Nähe der Stadt. Wenn die Kinder mit ihren Eltern einen Ausflug in die Berge oder an die Küste machen, haben die Erwachsenen deshalb zur Sicherheit immer ein Gewehr dabei.

DAS FRÜHSTÜCK

JOGHURT MIT MÜSLI *Jogurt med muesli*	HAFERBREI *Havregrøt*	BROT MIT MARMELADE *Brød med syltetøy*	EINGELEGTER HERING *Sursild*	BRAUNER KÄSE *Brunost*	MILCH ODER SAFT *Mjølk eller jus*	KAFFEE ODER TEE *Kaffe eller te*

DER SCHULWEG

Da Longyearbyen nicht sehr groß ist, hat Svenja keinen weiten Weg zur Schule. Aber selbst Ende August, wenn das Schuljahr beginnt, muss sie sich schon warm anziehen – mit Mütze, Handschuhen und dicker Jacke. Denn auch um diese Jahreszeit ist es kalt, auf den Bergen in der Nähe liegt schon Schnee. Unterwegs stehen ein paar Rentiere am Straßenrand, hoffentlich aber kein Eisbär. Svenja schnallt sich im Winter ihre Skier unter. Damit geht es leichter voran, und so macht sie gleich etwas Frühsport. Vor dem Schulgebäude steckt sie die Ski einfach in den Schnee. Einige ihrer Mitschüler, die weiter außerhalb wohnen, werden von den Eltern mit dem Motorschlitten gebracht. Wenn Svenja älter ist, darf sie vielleicht allein mit dem Motorschlitten ihres Vaters zur Schule fahren. Das ist leichter und sicherer als das Mofa-Fahren in anderen Ländern. In Longyearbyen brauchen sich die Kinder keine Hoffnung machen, dass die Schule bei Schneestürmen oder eisiger Kälte geschlossen bleibt. Hier ist man an alle Wetterlagen gewöhnt, und die Räume sind gut geheizt. Platz genug ist auch für die dicken Jacken und die Winterstiefel der Schüler, die während des Unterrichts ausgezogen werden. Mit Pantoffeln lässt es sich bequemer lernen.

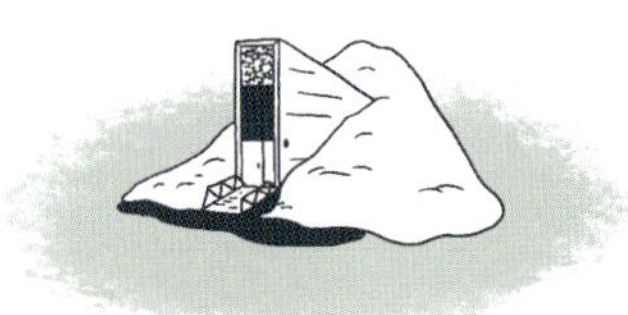

DER SAATGUT-TRESOR
ist eine Art Arche Noah für Pflanzen. In diesem Betonbunker werden fast eine Million Samen von Pflanzen auf der ganzen Erde bewahrt. Gut gekühlt sollen sie alle möglichen Krisen und Katastrophen überleben.

KAJAKFAHREN
ist ein beliebter Sport. Aber weil das Wasser eisig ist, sollte man möglichst nicht kentern.

JAGEN
dürfen nur die älteren Schulkinder in Begleitung ihrer Lehrer.

WARNUNGEN VOR EISBÄREN gibt es auf Spitzbergen überall. Aber dass sie in die Stadt kommen, ist doch sehr unwahrscheinlich.

IN DER SCHULE

Die Schule in Longyearbyen ist die am weitesten nördlich gelegene Schule der Welt. Nur etwas mehr als 200 Schüler besuchen die zehn Klassenstufen. Deshalb kennen sich fast alle untereinander. Unterrichtet werden auch hier Fächer wie Mathe, Biologie und Englisch, aber in der kalten Wildnis von Spitzbergen brauchen die Schüler zusätzliche Kenntnisse.

Im Biologieunterricht geht es um die heimischen Tiere wie Robben, Walrosse, Belugawale oder Eismöwen. Auch praktische Ratschläge fürs tägliche Leben sind wichtig. Beispielsweise, wie man Eisbären aus dem Weg geht oder es vermeidet, von einer Schneelawine begraben zu werden. Die älteren Schülerinnen und Schüler dürfen mit ihren Lehrern sogar auf die Jagd gehen und lernen, wie man ein Rentier zerlegt.

Jedes Jahr bekommt Svenja neue Mitschüler, weil viele Familien nur eine begrenzte Zeit auf Spitzbergen leben und dann wieder aufs Festland zurückziehen. So muss sie sich leider immer wieder von guten Freundinnen verabschieden und sich jedes Jahr an neue Mitschüler gewöhnen. Auch Familie Larsen wird sicher nicht für immer bleiben, aber im Moment fühlen sie sich noch alle wohl an ihrem ungewöhnlichen Wohnort.

INDIEN

ÜBER DAS LAND

Wie ein eigener kleiner Kontinent klebt Indien am südlichen Rand von Asien. Im Norden liegt das Himalaya-Gebirge mit den höchsten Bergen der Welt. Dort entspringt auch der Ganges, Indiens wichtigster und heiliger Fluss. Im Süden wird das Land von den Wellen des Indischen Ozeans umspült. In den meisten Gebieten ist es extrem heiß, in einigen Bergregionen kann es aber auch sehr kalt werden. Außerdem kommt es mit dem Monsun jedes Jahr zu ungeheuer starken Regenfällen und Überschwemmungen. 1,4 Milliarden Menschen leben in Indien, das ist fast ein Fünftel der gesamten Menschheit. Kaum ein anderes Land der Welt ist so dicht bevölkert. Vor allem in großen Städten wie Delhi, Mumbai oder Kalkutta, die mehr als zehn Millionen Einwohner haben, wimmelt es von Menschen. Viele Völker und Religionsgemeinschaften leben hier zusammen und mehr als hundert verschiedene Sprachen werden gesprochen, dazu gibt es zahlreiche unterschiedliche Schriften. Die große Mehrzahl der Menschen sind Hindus, es gibt aber auch Muslime, Buddhisten und Christen.

ALLTAGSLEBEN

Familie Ram wohnt in einer großen Stadt am Ganges. Hier leben sehr viele Menschen auf engstem Raum und es gibt nicht genügend Arbeitsplätze für alle. Wie viele andere Familien ist auch Familie Ram sehr arm. Sie lebt deshalb in einem selbst zusammengezimmerten Haus aus Holz und Wellblech. Aber Familie Ram hat Strom und fließendes Wasser. So viel Komfort haben nicht alle. Die Rams lieben wie die meisten Inder scharf gewürzte Speisen, und so essen sie oft schon zum Frühstück Gemüsecurry oder Pfannkuchen mit Chutney, einer süß-sauren oder scharfen Sauce, oder Dal, einen Linsenbrei.

Die Kinder der Familie – Leela, Baldev, Ajit und Jay – haben Glück, sie können in die Schule gehen. Viele Kinder aus armen Familien werden nämlich von ihren Eltern zur Arbeit geschickt, um Geld zu verdienen. Mädchen nähen Kleidung oder knüpfen Teppiche, Jungs schuften in Fabriken und Steinbrüchen. Das ist zwar eigentlich verboten, doch oft müssen auch Kinder zum Einkommen der Familie beitragen.

Leela ist ihren drei Brüdern nicht gleichgestellt. Söhne sind den Eltern wichtiger, weil sie im Alter für sie sorgen. Denn eine staatliche Rentenversicherung gibt es in Indien mancherorts nicht. Mädchen wie Leela dagegen verlassen nach der Hochzeit ihr Elternhaus. Und die Eltern der Braut müssen traditionell eine teure Mitgift – Geld oder Schmuck – an die Familie des Bräutigams zahlen.

FRITTIERTE GEMÜSETASCHEN
Samosas

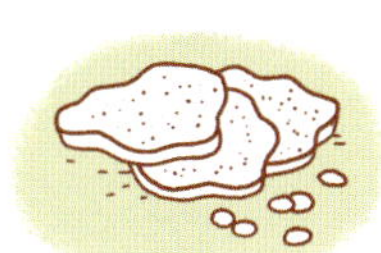

FRITTIERTES BROT
Puri,
dazu Kichererbsen

REIS, KARTOFFELN UND ZWIEBELN
Poha

PFANNKUCHEN, DAZU JOGHURT UND CHUTNEY
Masala Dosa

STARK GESÜSSTER TEE ODER KAFFEE
Majaboot meethee chaay ya kophee

DAS FRÜHSTÜCK
Zu den Mahlzeiten, wie hier beim Frühstück, sitzt die Familie auf dem Fußboden. Das ist in Indien so Tradition. Bananenblätter dienen als Geschirr. Gegessen wird mit den Händen.

फल
कैफ.

कार्यशाला
0.50 सेंट

DER SCHULWEG

Eigentlich lieben Inder farbenfrohe Kleidung, vor allem die Frauen: Sie tragen die berühmten Saris, lange Stoffbahnen, die kunstvoll um den Körper geschlungen werden. Doch für Schülerinnen und Schüler gelten strenge Kleiderregeln. Bevor sich Leela, Baldev, Ajit und Jay morgens auf den Weg zur Schule machen, ziehen sie deshalb ihre Schuluniform an.

Kaum aus dem Haus, tauchen die vier Geschwister in das typische Verkehrschaos auf den indischen Straßen ein. Am Straßenrand haben Verkäufer ihre Obst- und Gemüsestände oder mobile Kochplätze aufgebaut. Autos, Busse, Mopeds und Fahrräder fahren hupend und lärmend kreuz und quer durcheinander. Am Wegesrand liegt auch die eine oder andere heilige Kuh. Manchmal kreuzt sogar ein Elefant die Straße.

Weil Ampeln selten sind oder von den Autofahrern ignoriert werden, ist das Überqueren der Straße zu Fuß gefährlich. Wer es sich leisten kann, besteigt eine der typischen Rikschas: Das sind Fahrradtaxis, die den Fahrgast langsam, aber sicher durch den dichten Verkehr bringen. Nicht viel schneller geht es in dem allgemeinen Gewühl mit den motorisierten Autorikschas. Diese dreirädrigen Gefährte knattern mit viel Lärm und Abgasen durch alle indischen Städte. Ein wenig umgebaut, dienen sie oft auch als Schulbusse, die bis zu zwanzig Kinder transportieren können.

DIE KUH
Die Hindus verehren die Kuh als heiliges Tier, das nicht geschlachtet werden darf.

DIE FAHRRADRIKSCHA

DER SARI

IN DER SCHULE

Wer genügend Geld hat, schickt seine Kinder auf teure Privatschulen. In der Stadt Lucknow in Nordindien steht sogar die größte Schule der Welt – mit etwa 50 000 Schülerinnen und Schülern. Die meisten Kinder wie Leela und ihre Brüder müssen sich aber so wie zu Hause mit wenig Komfort begnügen. Die Klassenräume sind in einfachen Gebäuden untergebracht. Auch Schiefertafeln oder moderne elektronische Geräte stehen nicht überall zur Verfügung. Auf dem Land werden manchmal sogar alle Jahrgänge in einem einzigen Klassenraum unterrichtet. Und wenn es gar nicht anders geht, entsteht ein Schulraum auch mal im Freien oder einfach unter einer Brücke. Die staatlichen Schulen sind gratis, aber leider gibt es im Land nicht genügend Lehrer. Manchmal lernen deshalb bis zu 80 Schülerinnen und Schüler in einer Klasse. Da ist es natürlich schwierig, sich zu konzentrieren und aufzupassen. Neben Unterrichtsfächern wie Schreiben, Rechnen und Naturkunde wird auch Sport getrieben. Hockey und Cricket sind die beliebtesten Sportarten. Ajit und seine Geschwister möchten möglichst gut Englisch lernen, damit sie später bessere Berufschancen haben.

Tische und Stühle sind Mangelware, deshalb sitzen die Schüler oft auf dem Boden.

DAS MITTAGESSEN
Oft gibt es Speisen mit Reis, Gemüse und Linsenbrei, dazu Soße.

BELIEBTER SPORT
Cricket und Hockey

SCHULUNIFORM
Jede Schule hat ihre eigene Schuluniform. Sie soll eine Konkurrenz der Schüler um teure und modische Kleidung verhindern.

PAPUA-NEUGUINEA

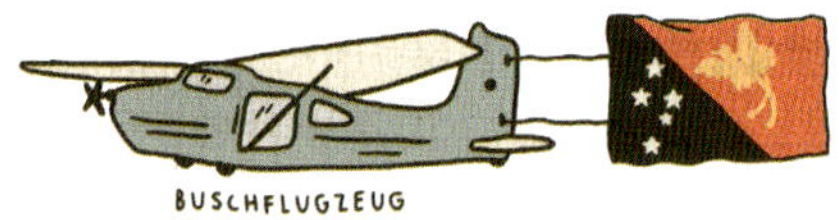

ÜBER DAS LAND

Der Staat Papua-Neuguinea liegt im Osten von Neuguinea, der zweitgrößten Insel der Erde. Sie gehört zu Melanesien, einer vielfältigen Inselwelt. Ein hohes, zerklüftetes Gebirge mit undurchdringlichem Urwald durchzieht die ganze Insel. Hier gibt es viele abgelegene Bergdörfer, die nur wenig Kontakt zur Außenwelt haben. Straßen sind dort kaum vorhanden. Manchmal gibt es eine Landepiste für kleine Buschflugzeuge, die Post oder Medikamente mitbringen.

In den Tälern und an den Küsten wächst tropischer Regenwald. Das Klima ist heiß und feucht. Tiere wie Paradiesvögel, Baumkängurus und die größten Schmetterlinge der Erde sind dort zu Hause.

Neben der Hauptinsel gehören zu Papua-Neuguinea noch mehr als tausend kleine Inseln. Auch dort leben die Bewohner meist fernab vom Rest der Welt. Weil die Menschen hier zum Teil so weit auseinanderleben, entwickelten sich vielfältige Sprachen und Lebensweisen. Papua-Neuguinea ist mit über 860 verschiedenen Sprachen das sprachenreichste Land der Erde. Deshalb wurde die Alltagssprache Tok Pisin entwickelt, damit sich alle miteinander verständigen können.

In den abgelegenen Regionen pflegen die Menschen bis heute ganz eigene Traditionen und Bräuche. Schweine gelten als wichtigster Besitz. Berühmt sind die *Huli Wigmen,* die sogenannten Perückenmänner, die zu besonderen Anlässen und Festen prächtige Perücken aus echtem Menschenhaar, geschmückt mit bunten Paradiesvogelfedern, tragen.

ALLTAGSLEBEN

Es gibt nur wenige Städte in Papua-Neuguinea. Die meisten Menschen leben auf dem Land. Die achtjährige Mary-Sisa wohnt mit ihren Eltern und den vier Geschwistern sogar mitten im Regenwald. Das kleine Wohnhaus der Familie ist aus Baumstämmen und Palmblättern gebaut und hat nur einen Raum, in dem das tägliche Leben stattfindet. Es steht auf Stelzen, damit keine wilden Tiere eindringen können und es in der Regenzeit nicht nass wird im Haus.

Wie fast überall auf dem Land gibt es keinen elektrischen Strom, also auch kein Fernsehen oder Internet.

Dafür leben die Menschen hier eng mit der Natur verbunden. Vor dem Haus haben Mary-Sisas Eltern einen großen Garten angelegt. Darin wachsen Gemüse, Ananas, Mangos, Kokospalmen und Papayas. Fleisch isst die Familie nur selten. Ab und zu gibt es ein Hühnchen oder Fisch aus den Flüssen. Nur zu Festtagen wird eines der Schweine geschlachtet. An der Küste ist für die Ernährung die Sagopalme besonders wichtig. Nachdem die Palme gefällt wurde, wird in mühsamer Arbeit das Mark aus dem Stamm herausgekratzt. Die ganze Familie hilft mit. Aus dem Sagomark wird die Stärke herausgewaschen und zu einer Art Mehl verarbeitet. Daraus bereitet Mary-Sisas Mutter Sago-Pfannkuchen zu – das Gericht wird in Neuguinea jeden Tag gegessen. Im Holz leben auch kleine Maden, die hier als Delikatesse gelten und für die Ernährung der Menschen sehr wichtig sind.

Auch für alles andere sorgt der Regenwald. Er liefert das Holz zum Bauen und Kochen. Musikinstrumente wie Trommeln und Bambusflöten und die Spielsachen der Kinder werden ebenfalls aus Holz oder Blättern selbst hergestellt.

SCHWEINE besitzen für die Neuguinesen einen besonderen Wert. Sie bekommen als Erste Frühstück.

DAS FRÜHSTÜCK

SAGO MADEN
Ol liklik snek long saksak

FLADEN AUS SAGOMEHL
Kek bilong saksak

PAPAYA
Popo

MANGO
Mango

ANANAS
Painap

KOKUSNUSS
Kulau

DER SCHULWEG

Mary-Sisa ist die Einzige in ihrer Familie, die zur Schule geht, denn ihre Geschwister sind noch zu klein.

Es ist gar nicht so einfach, in die Regenwald-Schule zu gelangen! Straßen kennt man in dieser Gegend nicht, und die Trampelpfade durch den dichten Dschungel sind wegen der steilen Abhänge und reißenden Flüsse zu gefährlich. Der einfachste und schnellste Weg ist deshalb ein kleiner Fluss, auf dem das Mädchen zusammen mit einigen Mitschülern unterwegs ist. Das Kanu hat Mary-Sisas Vater selbst gebaut. Damit paddeln sie fast eine Stunde lang durch die Hitze. So haben sie vor und nach dem Unterricht bereits ordentlich Sport getrieben.

Am Ende müssen sie noch einen kurzen Weg zu Fuß bis zur Schule zurücklegen. Das Kanu wird an einen Baumstamm gebunden, und über eine hölzerne Brücke geht es ein Stück durch den Urwald. Die älteren Schüler haben ein Buschmesser dabei, mit dem sie sich falls nötig den Weg freischlagen.

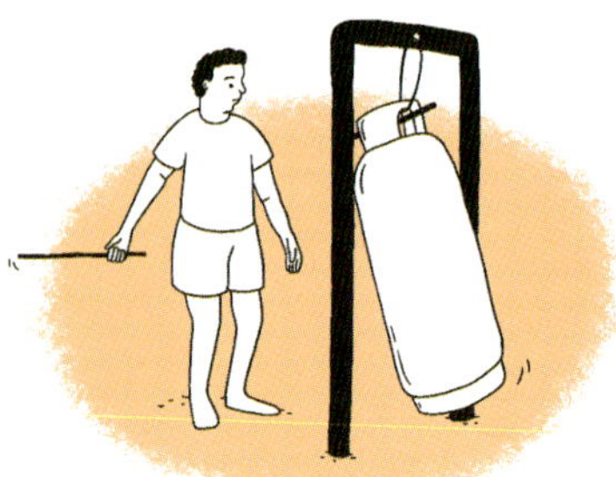

GONG
Vor dem Unterricht wird ein großer Gong geschlagen. Er ruft alle Schüler zum gemeinsamen Gebet vor der Schule zusammen.

DAS BUSCHMESSER
ist ein großes Messer und dient als vielseitiges Werkzeug. Die Neuguinesen benutzen es nicht nur im Haushalt, sondern auch als wichtiges Gartengerät.

DAS *BILUM*
ist eine traditionelle Tasche, die auch als Schultasche dient. Wie fast alles in Papua-Neuguinea ist sie selbst gemacht: aus Blättern und Fasern.

IN DER SCHULE

In Papua-Neuguinea geht praktisch jedes Kind zur Schule, die meisten allerdings nur bis zur achten Klasse. Die Schulen sind ganz unterschiedlich ausgestattet. In manchen sehr kleinen Schulen findet der Unterricht unter einer einfachen Überdachung statt. In Mary-Sisas Schule bleiben manche Kinder auch nur bis zur sechsten Klasse. Für manche Mädchen endet die Schule so früh, da sie im Haushalt und bei der Erziehung der Geschwister helfen müssen. Viele Eltern können sich das Schulgeld für die weiterführende Schule auch gar nicht leisten.

Das Gebäude der Regenwald-Schule besteht nur aus einem einzigen Raum. Eine Lehrerin unterrichtet dort alle Klassen zugleich. Das funktioniert, weil die einzelnen Altersgruppen an Holztischen und Bänken zusammensitzen und getrennte Aufgaben bekommen. Die Lehrerin kümmert sich dann nach und nach um die verschiedenen Gruppen. Neben Fächern wie Lesen, Schreiben und Rechnen stehen auch Gartenbau, Religion, Kultur, Geografie, Biologie und Malen auf dem Lehrplan. Trotz der Hitze ist auch der Sportunterricht sehr beliebt.

Mary-Sisa möchte vor allem Englisch lernen. Im Moment spricht sie wie die meisten anderen Kinder die Sprache ihrer Volksgemeinschaft und Tok Pisin, eine Mischung aus Englisch und Melanesisch. Schon im Nachbardorf ein paar Kilometer weiter könnte sie sich sonst nicht verständigen, denn dort haben sie eine andere Sprache. Mit Englisch und Tok Pisin kann Mary-Sisa eines Tages in der Hauptstadt Port Moresby studieren. Sie will nämlich Ärztin werden.

SCHLANGEN SEZIEREN
Auch Schlangensezieren gehört in Papua-Neuguinea zum Lehrinhalt.

TÄNZE
sind ein wichtiger Teil der Kultur in Papua-Neuguinea. Auch die Kinder bemalen dafür ihre Körper mit bunten Farben. Begleitet von Trommeln und Bambus-Flöten, werden Ereignisse aus dem Leben der Volksgruppen nachgespielt.

DEUTSCH	TOK PISIN
FRÜHSTÜCK	KAKAI
FAMILIE	FAMILI
KINDER	PIKININI
TIERE	ABUS
WASSER	WARA
LERNEN	LAINIM
SCHULWEG	ROD IGO LONG SKUL

ARGENTINIEN

ÜBER DAS LAND

Argentinien ist ein riesiges Land – siebenmal größer als Deutschland. Zusammen mit seinem Nachbarn Chile teilt es sich die gesamte Spitze des südamerikanischen Kontinents. Getrennt sind die beiden Länder durch die gewaltige Gebirgskette der Anden, in der Lamas, Guanakos und Pumas leben.

Hier liegt auch der Aconcagua, mit 6961 Metern der höchste Berg von ganz Amerika. Weiter im Süden treffen der Atlantische und der Pazifische Ozean aufeinander. Das sorgt für eisige Kälte und stürmische Winde. Pinguine, Seelöwen und Blauwale fühlen sich hier besonders wohl.

Weil die meisten Menschen in der Hauptstadt Buenos Aires und anderen großen Städten wie Rosario, Córdoba, Mendoza und Salta wohnen, ist der Rest des Landes fast menschenleer. Weit verstreut liegen nur kleine Siedlungen mitten in der Pampa. Die Pampa ist eine trockene Landschaft, manchmal platt und manchmal hügelig, bewachsen von Gras und niedrigen Büschen. *Estancias* heißen dort die Bauernhöfe, die manchmal so groß sind wie die deutschen Bundesländer Thüringen oder Saarland.

Dort grasen riesige Rinder- und Schafherden das ganze Jahr über im Freien. Beaufsichtigt werden sie von Gauchos, den argentinischen Cowboys. Früher waren sie zu Pferd unterwegs, heute nutzen sie meist Geländewagen.

MATE
heißt der Kräutertee, der die Erwachsenen in seinem typischen Gefäß mit dem Trinkhalm den ganzen Tag über begleitet. Für Kinder aber ist er nichts: Er schmeckt bitter und enthält wie Kaffee viel Koffein.

RINDFLEISCH
aus Argentinien wird in viele Länder exportiert.

ALLTAGSLEBEN

Valentina und Manuel leben mit ihren Eltern in Patagonien, dem einsamen Süden Argentiniens. Wie in allen spanischsprachigen Ländern üblich, haben die Kinder zwei Nachnamen: den des Vaters (López) und den der Mutter (Fernández). Sie heißen also Valentina López Fernández und Manuel López Fernandez.

Der Vater arbeitet als Gaucho und hütet die Rinder auf einer großen *estancia*. Weit entfernt von jeder Stadt fehlen viele Dinge, die für Kinder in Buenos Aires oder Berlin selbstverständlich scheinen: Es gibt kein Kino, kein Restaurant, keine Sporthalle. Dafür können sich die Kinder auf der ganzen *estancia* frei und gefahrlos bewegen. Und wenn sie größer sind, unternehmen sie Ausflüge zu Pferd in die schier endlose Weite der Pampa.

Beim Aufstehen sind alle noch ziemlich müde, denn abends wird es immer sehr spät. In Argentinien beginnt das Abendessen erst zwischen neun und zehn Uhr, und fast jeden Tag gibt es ein großes Stück Rindfleisch vom Grill. Alle sind begeisterte Fleischesser, und hier auf dem Land ist es sehr preiswert. Da braucht man dann zum Frühstück natürlich nicht viel: für die Eltern einen Becher Kaffee oder Mate mit einem *Medialuna* (Halbmond) genannten Hörnchen und für die Kinder ein Glas Milch und vielleicht ein Toastbrot mit *Dulce de leche*, einer süßen Karamellcreme.

DAS FRÜHSTÜCK

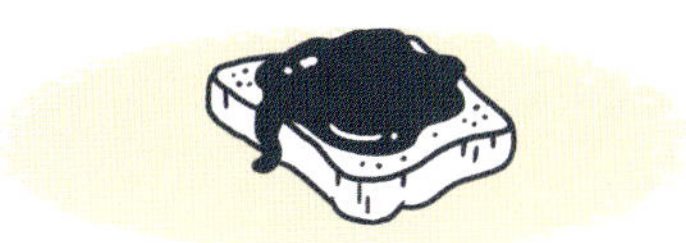

WEISSBROTSCHNITTEN MIT MARMELADE
Tostadas con mermelada

KARAMELLCREME AUS MILCH
Dulce de leche

KEKSE AUS BLÄTTERTEIG
Criollitas

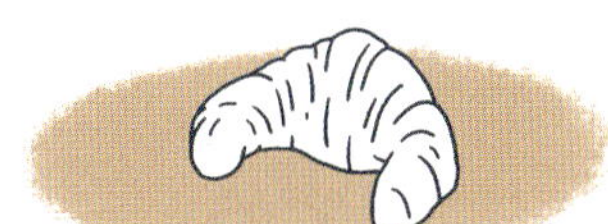

MEDIALUNA-HÖRNCHEN
Medialuna

ORANGENSAFT, WASSER UND KAFFEE
Jugo de naranja, agua y café

DER SCHULWEG

Weil Valentina und Manuel mit den Eltern spät zusammen zu Abend essen, kommen sie morgens nur schwer aus dem Bett. Daher freuen sie sich schon auf die Siesta, eine Mittagspause nach der Schule, in der sie den fehlenden Schlaf nachholen können. Aber erst einmal müssen sie sich auf den Weg zur Schule machen.

Auf der Estancia lernen die Kinder bereits früh den Umgang mit Pferden. Valentina ist schon so sattelfest, dass sie zur Schule reiten und sogar ihren kleinen Bruder mit aufs Pferd nehmen darf. Der geht erst in die Vorschule und ist noch zu klein für ein eigenes Pferd. Das ist für die beiden natürlich jeden Morgen ein kleines Abenteuer und ein besonderer Spaß, auch wenn es ziemlich kalt werden kann. Immerhin brauchen sie in der freien Natur nicht auf Ampeln oder Zebrastreifen zu achten. Dafür müssen sie manchmal einer Rinderherde ausweichen, die gemächlich über die Pampa trottet. Hier gibt es eben viel mehr Kühe als Menschen!

Valentina und Manuel aber sind mit ihrem spannenden Schulweg auch in Argentinien Ausnahmen, die von anderen Kindern beneidet werden. Denn die gehen meist zu Fuß oder werden mit dem Auto der Eltern gebracht.

KONDORE UND GUANAKOS
sind die typischen Wildtiere in Patagonien.

DIE SCHULUNIFORM
Am dünnen, weißen Mäntelchen erkennt man die Grundschüler.

FUSSBALL
ist argentinischer Nationalsport. Viele Kinder verbringen jede Pause auf dem Bolzplatz.

EMPANADAS
sind Teigtaschen gefüllt mit Käse und Fleisch – eine leckere Pausenmahlzeit.

TANGO
heißt der berühmte Tanz, der in den Armenvierteln von Buenos Aires erfunden wurde und jetzt in der ganzen Welt beliebt ist.

IN DER SCHULE

Meist beginnt der Unterricht morgens um halb acht, und auf dem Land dauert er nur bis mittags. Alle Kinder tragen eine Schuluniform, bei den Grundschülern ist das ein dünnes, weißes Mäntelchen. Zuerst versammeln sich alle in der Aula, wo die argentinische Flagge gehisst und die Nationalhymne gesungen wird. Argentinier sind sehr stolz auf ihr Land und ganz besonders auf ihre erfolgreichen Fußballspieler, die schon zweimal Weltmeister waren. Jeder kennt die Superstars Diego Maradona und Lionel Messi. Das Verhältnis zwischen Lehrern und Schülern ist kameradschaftlich. Man begrüßt sich mit einem Küsschen auf die Wange. Ihre Lehrer nennen die Schüler *profe,* eine freundschaftliche Abkürzung von *profesor*. Besonders beliebt ist der *preceptor,* ein Vertrauenslehrer, der morgens die Anwesenheit überprüft. Auch bei Fragen und Problemen ist er für die Kinder da. Die Schule auf der Estancia ist klein und hat nur sehr wenig Schüler. Valentina hofft, dass sie hier trotzdem so viel lernt, dass sie eines Tages auf die Oberschule in der nächsten Stadt gehen kann. Denn so schön das Leben für Kinder auf dem Land auch ist – Valentina möchte später keine Kühe hüten. Sie träumt vom Leben in der weit entfernten Hauptstadt Buenos Aires. Vielleicht wird sie dort eines Tages eine berühmte Tango-Tänzerin.

USA

TOTEM PFAHL
TIPI
INDIANER
KANADA
MOUNT RUSHMORE
EMPIRE STATE BUILDING
KAPITOL
BOSTON
NEW YORK
MISSOURI
BISON
GOLDEN GATE BRIDGE
BASEBALL
ROUTE 66
SAN FRANCISCO
LAS VEGAS
LOS ANGELES
WEISS-KOPF-SEEADLER
CHICAGO
WASHINGTON
FREIHEITSSTATUE
FOODTRUCK
BURGER
HALLOWEEN
HOT DOGS
ATLANTA
ATLANTIK
NASHORN-PELIKAN
RODEO
WEISSER HAI
PAZIFIK
HAWAII
MEXIKO
MIAMI
KUBA
BUCKELWAL

ÜBER DAS LAND

USA ist die Abkürzung für United States of America – Vereinigte Staaten von Amerika. Zwischen Atlantischem und Pazifischem Ozean liegen 48 Staaten auf dem Kontinent dicht beieinander. Dazu kommen Alaska im Nordwesten und die Inseln von Hawaii weit draußen im Meer.

Früher bewohnten zahlreiche Indianervölker den ganzen Kontinent. Dann kamen Abenteurer und Siedler aus Europa. Sie bekämpften die Ureinwohner und drängten sie in kleine Reservate zurück. Seither sind die USA eine Nation von Einwanderern aus allen Teilen der Erde, die sich in der neuen Heimat ein besseres Leben erhoffen. Sie bilden eine Mischung aus vielen verschiedenen Nationalitäten, Hautfarben und Traditionen. In der Regel verständigen sie sich auf Englisch, an der Grenze zu Mexiko wird aber häufig auch Spanisch gesprochen.

Im Zentrum des Landes gibt es riesige Weizen- und Maisfelder, doch die meisten Amerikaner wohnen in großen Städten und deren Vororten. Dort gibt es viele Arbeitsplätze, denn die Vereinigten Staaten haben die mächtigste Wirtschaft und Industrie der Welt – mit vielen großen Firmen von Apple bis Coca-Cola. Vor allem New York ist bekannt durch seine vielen Wolkenkratzer, aber auch in Chicago, Miami, Los Angeles oder San Francisco gehören Hochhäuser zum Stadtbild.

DAS FRÜHSTÜCK

PICK-UP ODER TRUCK
Kleinlaster für die ganze Familie. Auf die offene Ladefläche passt viel Gepäck.

ALLTAGSLEBEN

Familie Parker besitzt ein kleines Häuschen. Es steht im Vorort einer großen Stadt in Kalifornien. In der Nachbarschaft gibt es viele Straßen mit ähnlichen Häusern. Eine gepflegte Rasenfläche und eine große Garage gehören immer dazu. Weil es in solchen Wohnsiedlungen keine Geschäfte gibt, sind die Leute für jede Besorgung auf das Auto angewiesen. Wie viele Amerikaner fahren auch die Parkers mit ihrem Pick-up zur Arbeit, zum Einkaufen, zum Sport und zu Ausflügen am Wochenende.

Morgens geht es bei Familie Parker meistens ziemlich hektisch zu. Die Eltern und die drei Kinder Jerry, Amy und Jim müssen rechtzeitig aus dem Haus, denn sie haben einen langen Weg in die Stadt vor sich. Nacheinander treffen sie in der großen Wohnküche ein. Da hat die Mutter schon das Frühstück vorbereitet. Zwischendurch schaut sie in den Computer, um die neuesten Nachrichten zu erfahren und um zu sehen, ob die Straßen auf ihrem Weg zur Arbeit verstopft sind.

Weil es schnell gehen muss, begnügen sich Jerry und Amy meistens mit Orangensaft und Cornflakes mit Milch. Einen leckeren Blaubeermuffin nehmen sie noch mit auf den Weg zum Schulbus. Klein-Jimmy wird vom Vater mit Brei gefüttert, bevor er ihn mit dem Auto in den Kindergarten bringt. Alle freuen sich aufs Wochenende, denn dann gibt es ein ausgiebiges Frühstück mit *pancakes* – Pfannkuchen –, Brownies und Spiegeleiern mit Speck und Bohnen.

PFANNKUCHEN
Pancake

DONUT

WAFFELN
Waffles

BROWNIE

MUFFIN

CORNFLAKES MIT MILCH

BAGEL

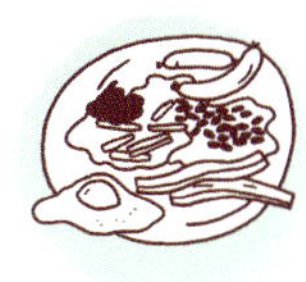

EIER, SPECK, BOHNEN, DAZU WÜRSTCHEN
Eggs, bacon, beans with sausages

TOAST MIT MARMELADE
Toast with marmelade

MILCH
Milk

HAPPY DAYS
HOT DOGS
FISH & CHIPS
SUPER NATUREL
Rock WATER
SCHOOL
TAXI

DER SCHULWEG

In der Wohnsiedlung der Parker-Familie gibt es keine Schule. Deshalb warten Amy und Jerry jeden Morgen zusammen mit den anderen Kindern aus der Nachbarschaft an der nächsten Straßenecke auf den Schulbus. Wie überall in Amerika ist er knallgelb. Und er bringt sie am Nachmittag auch wieder nach Hause. Schülerlotsen passen auf und halten mit ihrem roten »Stop«-Schild den Autoverkehr an. So können die Kinder sicher über die Straße gehen und einsteigen.

Im Bus herrscht schon ziemlicher Trubel. Jerry und seine Schulfreunde treffen sich wieder und tauschen Neuigkeiten aus. Alle reden durcheinander. Der Busfahrer schaut manchmal ermahnend in den Rückspiegel. Aber er weiß, dass sich die Kinder viel zu erzählen haben. Amy stört der Lärm. Sie würde sich gern konzentrieren und mit ihrer Freundin Lisa die Rechenaufgaben vergleichen. Doch das ist bei dem Radau unmöglich.

Also schaut sie aus dem Fenster und bewundert die vielen Hochhäuser, an denen sie jetzt vorbeifahren. Im höchsten Wolkenkratzer, ganz weit oben, möchte sie später einmal arbeiten. Dann läge ihr die ganze Stadt zu Füßen. Heute hat sie Zeit für diese Träumereien, denn der Schulbus steckt ein paar Minuten im dichten Verkehr fest: Stau! Am Ende aber treffen sie doch noch rechtzeitig zum Unterricht vor dem Schulgebäude ein.

ELTERNTAXI
Manche Kinder werden von ihren Eltern mit dem Auto zur Schule gebracht.

DIE LUNCH-BOX
ist mit Sandwiches und Keksen fürs Mittagessen gepackt und gut im Rucksack verstaut.

SCHÜLERLOTSEN
halten Autos an und passen auf, dass Kinder sicher über die Straße gehen.

IN DER SCHULE

In der Schule angekommen, geht es erst einmal zum *locker:* Genau wie alle anderen haben Amy und Jerry einen kleinen Schrank, in dem sie ihre Jacken aufhängen. Auch die Lunch-Box und Schulbücher, die sie in den ersten Stunden nicht brauchen, haben darin Platz. Dann gehen sie ins Klassenzimmer zum Treueschwur: Jeden Morgen versichern die Schüler und Schülerinnen gemeinsam, dass sie gute Amerikaner sein wollen. Und dann kann endlich der Unterricht beginnen.

Nur selten steht der Lehrer vor der Klasse und hält einen Vortrag. Meistens sitzen die Schüler in kleinen Gruppen zusammen und arbeiten allein oder gemeinsam an ihren Aufgaben. Dabei können sie sich mit dem Tablet informieren oder am Computer ihre Ergebnisse speichern. Jerry freut sich schon auf die Sportstunde am Nachmittag: Dann spielen sie hoffentlich American Football, das ruppige Ballspiel mit dem Leder-Ei. Weniger gern mag er Baseball, weil er mit dem Schläger den kleinen Ball nie richtig trifft. Amy ist nicht so sportlich. Dafür hat sie den heutigen Erdkundetest schneller gelöst als die anderen. Deswegen kann sie wieder ein wenig träumen: Sie denkt an den Tag, an dem sie mit der Schule fertig sein wird. Dann gibt es eine glanzvolle Abschlussfeier mit Diplom, und danach will sie an der Universität Computerwissenschaft studieren.

LOCKER
Hier können die Kinder ihre Siebensachen verstauen.

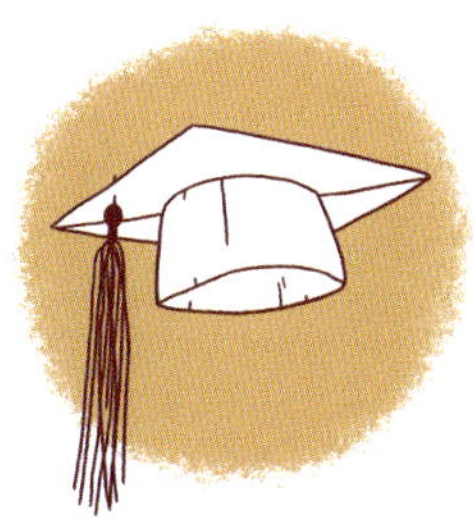

DOKTORHUT
Ihn tragen die Schülerinnen und Schüler zur Abschlussfeier

CHEERLEADER
Mit Tänzen und Gesängen unterstützen die Mädchen am Spielfeldrand ihre Football-Mannschaft.

BELIEBTER SPORT
American Football und Baseball

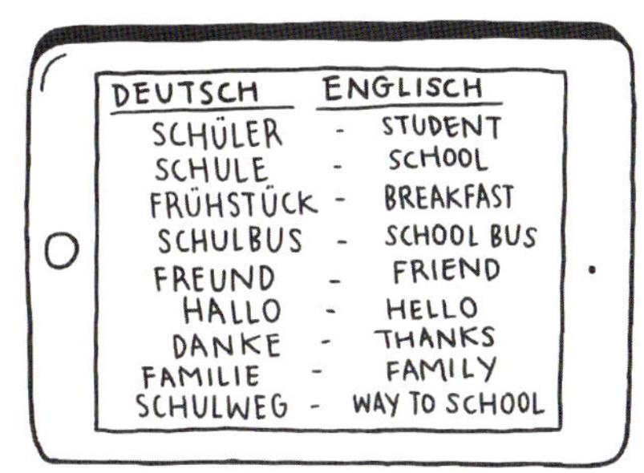

HIER IST PLATZ FÜR DEINEN SCHULWEG.

ZEICHNE IHN AUF!

FÜR ALMA & ANTON

UND ALLE KINDER DIESER WELT

Besonderen Dank an Volker Mehnert, Linda Rammes und Jan Lichte
sowie an meine Freunde und Familie für ihre Unterstützung.

7. Auflage 2025

Illustration: Lena Schaffer
Text: Lena Schaffer und Volker Mehnert
Satz und Layout: Linda Rammes und Jan Lichte
Dieses Buch basiert auf der Masterarbeit von Lena Schaffer an der HAW Hamburg im Fachbereich
Illustration unter der Leitung von Prof. Reinhard Schulz-Schaeffer und Alexandra Kardinar

Druck: TBB, a. s., Banská Bystrica
Printed in Slovakia
Gerstenberg Verlag GmbH & Co. KG,
Rathausstraße 18–20, D-31134 Hildesheim
verlag@gerstenberg-verlag.de
ISBN 978-3-8369-6005-2

PRODUZIERT IN DER EUROPÄISCHEN UNION

FSC www.fsc.org MIX Papier | Fördert gute Waldnutzung FSC® C022120